Eine bunte Reise

durch das Land

der Fantasie

Eine bunte Reise
durch das Land der Fantasie

eine Sammlung zauberhafter Kurzgeschichten

Steffi Hübschmann

Herstellung und Verlag:
BoD – Books on Demand, Norderstedt
ISBN: 978-3-7481-3996-6

Inhaltsverzeichnis

Die Linde

„Guten Tag Rabe, wie geht es dir?"

„Oh danke gut. Ich freue mich über deine Einladung."

„Gern geschehen, die Freude ist ganz meinerseits. Hallo kleine Fee."

Die kleine Fee und der Rabe sind genauso aufgeregt wie die alte Linde. Und weißt du auch warum. Die Linde wird heute 150 Jahre alt. Alle sind eingeladen, mit ihr zu feiern. Die kleine Fee hat der guten alten Linde eine rote Schleife um ihren Stamm ganz unten gelegt. Das sieht doch hübsch aus. Auf der rechten Seite hat sich im letzten Herbstwind ein Drachen verfangen. Die Kinder waren damals ganz traurig. Doch als die gute alte Linde den Kindern versprach, auf den Drachen aufzupassen, gingen sie zufrieden nach Hause. Seitdem kommen sie ganz oft hierher und spielen unter der Linde Verstecken oder Fangen. Manchmal sitzen sie einfach nur im Schatten, wenn die Sonne im Sommer ganz heiß scheint. Dann erzählen die Kinder so Manches der Linde, sogar Dinge die nicht einmal ihre Eltern wissen. Oder wissen sie es doch? Denn hin und wieder trägt einfach der Wind etwas davon und die Linde kann nichts dagegen tun.

„Hast du auch Geheimnisse?" fragt die Linde den Raben. Der Rabe überlegt kurz und meint dann „Naja manchmal streite ich einfach am Futterplatz und vertreibe die kleineren Vögel." Jetzt solltet ihr mal den Blick der Linde sehen. Das hört sie gar nicht gern, streiten am Futterplatz. Es ist doch genug für alle da. Der Rabe verspricht, nicht mehr zu streiten und dafür den kleineren Vögeln bei der Futtersuche zu helfen. Das wird die Linde beobachten, Versprechen muss man nämlich einhalten.

Inzwischen ist es Abend und dunkel geworden. Oben in den Zweigen hat es sich eine andere Fee gemütlich gemacht. Pst leise, sie beobachtet den Sternenhimmel und dabei wird sie immer müder und müder und dann plötzlich - ist sie eingeschlafen. Nur die drei lustigen Gesellen sind noch wach. Sie tanzen und singen und sind fröhlich, bis auch sie müde sind und sich ein schönes Plätzchen im Baumwipfel suchen.

Sie alle träumen von einem schönen Tag bei der Linde und freuen sich auf morgen. Auch der Rabe bleibt heute hier zum Übernachten. Es gibt noch viel zu entdecken und zu erzählen, aber davon ein anderes Mal mehr.

Genie, Rosi und seine Freunde

Heute ist ein ganz besonderer Tag. Genie, ein Zauberer der oben in der Mitte sitzt, hat all seine Freunde auf eine Reise eingeladen. Aber niemand weiß, wohin die Reise führen wird. Nicht einmal Genie selbst. Dafür hat er seinen Wundermedaillienspiegel umhängen. Über diesen Spiegel reibt Genie und dann zeigt der Spiegel ihm einige Bilder von schönen Orten und tollen Landschaften mit netten Menschen. Erst wenn Genie „HALT" ruft, dann geht die Reise genau dort hin. Natürlich haben die Freunde auch Wünsche. Die Libellen und Feen wollen gern auf eine kunterbunte Sommerwiese. Der kleine Elefant mit den großen Ohren hat Lust auf Verstecken spielen. Es entbrennt auf einmal ein wildes Durcheinander. „Ich möchte an den Strand" rief der kleine Peter. „Ich lieber in die Berge" meinte Knuddel der Hund und so ging es hin und her. Jetzt gebot Genie Einhalt, indem er einmal in die Hände klatschte und schon waren alle still. „So geht das nicht" meinte er, „ich sehe zu, das für Jeden etwas dabei ist. Seid still, haltet euch gut fest". Genie schaut in seinen Spiegel und als er etwas Schönes sieht, lächelt er, ruft „HALT" und Schwups geht ein Ruck durch unser Reiseglücksschweinchen Rosi. Ihr müsst wissen, Rosi ist kein gewöhnliches Schweinchen. Sie kann fliegen, laufen, rennen und dabei kann jeder mitreisen, der gut zu ihr ist. Gut sein heißt, sie füttern, streicheln und ihren Schlafplatz sauber halten. Na damit hat die kunterbunte Reisegesellschaft kein Problem. Jeder will sich um Rosi kümmern. Das gefällt unserer Rosi. Ein Lächeln breitet sich über ihrem Gesicht aus. Sie fliegen über Wiesen, Dörfer, Wälder, vorbei an Kühen, Schafen und Pferden. Na hoppla Rosi, jetzt wärst du bald zu nah an der Kirchturmspitze vorbeigeflogen. Das war knapp. Rosi lächelt und setzt zur Landung an. Alle bedanken sich bei ihr. Peterle bringt Rosi gleich etwas zu trinken. Knuddel gibt etwas von seinem Frühstücksbrot ab. Die Libellen und Feen kümmern sich um einen Schlafplatz für Rosi. Dann gehen alle auf Entdeckungsreise. Es ist für jeden etwas dabei. Eine riesengroße Blumenwiese duftet herrlich und wird sofort von den Feen und Libellen eingenommen. Sie tummeln sich nach Herzenslust. An der Wiese gibt es einen schönen Holzspielplatz mit Schaukel und Klettergerüst, Rutsche und einem Hochsitz.

Von hier kann man sehr weit schauen. Nicht weit davon plätschert ein Bächlein und da, da ist ein Badesee. Das gefällt Genie und seinen Freunden.

Das Wasser ist warm, die Sonne scheint. Natürlich geht Genie mit seinen Freunden schwimmen.

Abends, als dann alle glücklich und zufrieden sind, bringt Rosi sie alle wieder gesund und mittlerweile müde nach Hause. Eigentlich hat jeder viel zu erzählen, aber das muss bis morgen warten. Sie alle träumen und freuen sich schon auf die nächste Reise.

Die Überraschung

„Na hast du alles eingepackt?" möchte Elsas Mutti wissen. „Na klar habe ich das", antwortet Elsa. „Schau Mutti, mein Rucksack ist voll." Obenauf sitzt Caroline, ihre Puppe. Die muss immer mit. Das Schöne an Caroline ist, dass sie jetzt auch Sommersprossen hat, wie Elsa. Deswegen wurde Elsa im Kindergarten immer von Paul gehänselt. Damit sie eine Verbündete hat, bekam Caroline kurzerhand Sommersprossen von Elsas Mutti ins Gesicht gemalt. Jetzt kann Paul die beiden nicht mehr ärgern. Aber warum hat Elsa denn ihren Rucksack gepackt? Will sie damit in den Kindergarten oder zu Oma und Opa oder haben ihre Eltern etwa eine Überraschung? Elsa weiß es nicht, doch sie ist ganz schön aufgeregt. Morgen wird sie es erfahren. Vor lauter Aufregung kann sie nicht richtig schlafen. Obwohl es noch dunkel ist, steht sie einfach auf. Sie geht leise in die Küche und deckt für alle den Frühstückstisch. Danach krabbelt sie zu ihren Eltern ins Bett. Etwas Zeit haben sie noch, dann klingelt der Wecker. Raus aus dem Bett, ab in`s Bad und dann gemeinsam frühstücken. Auf dem Weg zum Frühstückstisch erfährt Elsa von ihren Eltern, dass sie in den Urlaub fahren wollen - und zwar zu ihrer Tante auf den Hof. Da steht ein roter Holzwagen. Davon hatte Elsa schon mal gehört, aber darin den Urlaub verbringen klang irgendwie spannend. Der rote Holzwagen gehörte früher ihrem Onkel oder Urgroßvater. So genau hat sich Elsa das nicht gemerkt, aber das ist ihr auch egal.
Plötzlich klingelt es an der Wohnungstür und Anna, ihre beste Freundin, steht mit ihrer Mutti vor der Tür. Na einen wunderschönen guten Morgen, wünschen wir euch. Anna hält frische Brötchen in einer großen Tüte in der Hand. Die haben wir gerade beim Bäcker gekauft und ich durfte das ganz alleine machen, erklärt Anna voller Stolz. Meine Mutti stand nur daneben und hat aufgepasst. Elsas Augen leuchten vor Freude und Glück, so eine Überraschung - Anna fährt mit ihr gemeinsam in den Urlaub. Während Elsa und Anna schon mit ihren Gedanken beim roten Holzwagen sind, holt ihre Mutti noch zwei Tassen und Teller auf den Frühstückstisch. Jetzt gibt es erst einmal Brötchen mit Butter und selbstgemachter Erdbeermarmelade. Dazu Milch für Elsa und Anna und für die Erwachsenen Kaffee.

Nach dem Frühstück wird fix aufgeräumt und die restlichen Gepäckstücke ins Auto gepackt. Dann geht es los. Bloß gut, dass die Fahrt mit dem Auto nicht so weit ist, denn es ist Sommer und sehr warm.

Die Kinder sitzen hinten auf ihrem Kindersitz im Auto und die Eltern vorn. Während der Fahrt sehen sie Kühe auf der Wiese, viele Bäume, Teiche mit Enten darauf, schöne Häuser und einen großen Spielplatz. Jetzt biegt ihr Vati auf einen Hof ein und hält an. Hurra! Wir sind da! Alle aussteigen bitte. Da ist ja der rote Holzwagen und dort kommen Tante Ulla und ihr Hündchen Molly gelaufen. „Hallo ihr Lieben und herzlich willkommen, wir wünschen euch einen schönen Urlaub."

Urlaub im roten Holzwagen

Es ist Sommer und Elsa ist gemeinsam mit ihrer Mutti auf den Weg in den Kindergarten. Elsa geht in die große Gruppe und nicht mehr lange, dann ist sie ein Schulkind. Darauf freut sich Elsa schon riesig.

Doch jetzt ist sie erst einmal auf ihre Freunde im Kindergarten gespannt. Elsa hat viel zu erzählen, denn sie war mit Mutti, Vati, ihrem Bruder Tommy und Freundin Anna im Urlaub. Im Kindergarten angekommen wird sie ganz lieb von Tante Ulla, ihrer Erzieherin, und den anderen Kindern empfangen. Ihrer Mutti drückt sie zum Abschied einen dicken Kuss auf die Wange. Dann verschwindet Elsa in der Spielecke. Max und Rosa sind auch schon dort. Natürlich wollen die beiden wissen, wo Elsa war und was sie dort gemacht hat. Elsa erzählt, sie sind zu ihrer Tante auf den Bauernhof gefahren. Hier steht ein roter Holzwagen und darin haben sie gewohnt. Das können sich die Kinder nicht vorstellen. In einem Holzwagen wohnen? Hast du da ein Bett und überhaupt, hattet ihr Alle Platz? Gab es einen Fernseher, wollen die Kinder wissen. Das verneinte Elsa. Jetzt verzog Max sein Gesicht: „Keinen Fernseher, wie langweilig." Aber Elsa erzählt, dass die ganze Familie im Nahe gelegenen Walde spazieren war. Hier haben sie ganz viele Tierspuren entdeckt. Manchmal sind sie den Spuren einfach nachgelaufen. Ihre Eltern haben aufgepasst, dass sie nicht zu weit in den Wald gehen und sich verlaufen. Sie sind also immer in der Nähe des Weges geblieben. Als sie an einem Bach entlang gingen, hatten sie großes Glück. Elsas Mutti hatte einen Eisvogel gesehen. Sein Federkleid schimmerte blau im Sonnenlicht. Dann hörten sie es hämmern. „Das ist der Specht" hatte Elsas Vati erklärt „Mal sehen, wer ihn zuerst entdeckt." Alle schauten gespannt nach oben und lauschten. Keiner sagte einen Mucks. Plötzlich zeigte Anna nach oben. Ja horcht, er klopft wie verrückt. Der Specht sitzt auf einem toten Ast und klopft ein Loch hinein. Darin wohnt er dann später mit seiner Frau. Als sie weiter gingen, sah Tommy eine große Katze. Anna schmunzelte und meinte, das ist ein Fuchs. Sieh nur der buschige Schwanz. Tatsächlich, auf den ersten Blick sah es gar nicht so aus. Der Fuchs hatte ein schönes rotbraunes Fell. Ganz ruhig lief er über die Wiese. Elsa ging mit ihrer Familie zurück zum Holzwagen. Jetzt gab es für alle zu essen.

Elsa erzählt ihren Freunden, das es in dem Holzwagen eine kleine Küche gibt. Rosa will es genauer wissen. „Naja", meint Elsa, „meine Mutti hat nur Platz für zwei Töpfe." „Das reicht", erwidert Rosa. „Ein Topf für Spaghetti und ein Topf für Tomatensoße. Das ist mein Lieblingsgericht." Meins auch, rufen gleich einige Kinder durcheinander. Nun kommt Ulla hinzu und schickt die Kinder Hände waschen, denn es ist unterdessen Mittag geworden. Zur Freude aller Kinder gibt es Spaghetti mit Tomatensoße und Käse. Aber eine Frage brennt Max noch auf der Zunge. „Was habt ihr abends gemacht, wenn ihr keinen Fernseher hattet?" „Würfelspiele", antwortet Elsa kurz. „Das hat richtig Spaß gemacht. Manchmal haben wir auch Karten gespielt. Da habe ich oft gewonnen", fügt Elsa noch hinzu und verschwindet im Waschraum. Vom vielen Erzählen ist sie richtig hungrig geworden.

Nach dem Essen ist Mittagsruhe. Hier träumt Elsa vom Urlaub im roten Holzwagen und Max und Rosa sicherlich auch. Im Traum spielen sie gemeinsam vor dem Holzwagen Verstecken und Molly, die Hündin von Elsas Tante darf die Kinder suchen. Was für ein Spaß. Immer wenn Molly jemanden aufgespürt hat, erhält sie ein Leckerli. Schade, dass so ein schöner Tag so schnell vorbei geht. Als die Kinder von ihren Eltern aus dem Kindergarten abgeholt werden, erzählen sie vom roten Holzwagen. Plötzlich haben die Eltern von Elsa eine Idee. Sie organisieren gemeinsam mit Ulla und allen Eltern, deren Kinder in diesem Jahr in die Schule kommen, ein Zuckertütenfest am roten Holzwagen. Da nicht alle im Holzwagen Platz zum Schlafen finden, werden ringsum noch einige Zelte aufgebaut. Es wird gegrillt und abends am Lagerfeuer gibt es Knüppelkuchen. Ulla hat ihre Gitarre dabei und gemeinsam singen sie einige Lieder. Mittlerweile sind alle ganz schön müde. Kein Wunder nachdem sie so viel erlebt haben. Aber eines haben die Eltern noch mit allen vor: Jeder nimmt sich einen Lampion und schon geht es auf einen kleinen Abschiedsspaziergang durch den Wald. Kaum zurück, krabbelt jeder glücklich und zufrieden in seinen Schlafsack und träumt seinen Traum vom Holzwagen, vom Kieferzapfenweitwurf, vom Eierlaufen, vom Wettrennen mit Molly und anderen schönen Dingen des Tages.

Im Garten

„Schau mal, wer ist das denn?" spricht die eine Gurke zur anderen während beide so im Feld liegen und in die Sonne blinzeln. Allerdings sind beide Gurken noch fest mit einer Ranke verbunden. Die Ranke wiederum wächst aus einer Pflanze heraus, die sich mit ihren Wurzeln im Erdreich festhält und daraus ihre Nahrung bezieht. Unsere beiden Gurken werden natürlich von einem schönen grünen Blatt versteckt. Jule, die kleine Gartenfee muss schon ganz genau hinschauen, um die beiden zu entdecken. Aber wen hat denn unsere Gurke entdeckt? Jule belauscht die beiden gerade. Während sie sich auf einem Gurkenblatt ausruht, hört sie die Beiden flüstern.

„Ja, da hängt etwas Komisches. Es sieht anders aus als wir" spricht die zweite Gurke. „Genau es ist rundlich, irgendwie dick und grün. Aber nicht so schön grün wie wir es sind." Jetzt entdecken beide noch mehr davon. Was das wohl sein mag, fragen sie sich. Einige haben bereits rote Stellen. Ob sie sich schämen? Nun schaltet sich Jule ein und erklärt den beiden Gurken, dass dies Tomaten sind. Das Rot hat aber nichts mit schämen zu tun, sondern Tomaten werden komplett rot und dann sind sie einfach reif. Ihr werdet sicher bald geerntet werden und die Tomaten auch. Ach das ist aber schade, meint die Gurke zu Jule. Es ist so schön im Garten. Letzte Nacht haben wir den Igel beobachtet, erzählt die Gurke voller Stolz. Der Igel kann ganz schön flink sein und dabei hat er doch so kurze Beine. Aber da war noch eine kleine Maus, die flitzte vor dem Igel davon. Hat der Igel die Maus gefangen, will Jule wissen. Aber das haben die Gurken nicht mehr beobachten können. Die beiden waren einfach zu schnell vorbei. Und es hatte sich auf einmal die Erde bewegt. Das lenkte die Gurken natürlich ab. Was ist denn da los gewesen, fragt Jule voller Neugier. Vor den Gurken war ein kleiner Erdhügel entstanden und heraus lugte der Maulwurf. Natürlich mussten unsere Gurken ihn fragen, wer er ist. Wann kann man schon mal einen Maulwurf aus der Nähe sehen. Oh das klingt aber aufregend, meint Jule. Da werde ich mich wohl auch mal nachts auf die Lauer legen. Hoffentlich kann ich auch so viel beobachten. Hauptsache du fürchtest dich nicht, flüstert die Gurke. Warum flüsterst du, sagt

Jule. Pst, da kommt Hans, ihm gehört der Garten. Ups, den hat Jule gar nicht bemerkt.

Hans kommt mit der Gießkanne und gibt den Tomaten und Gurken Wasser. Jule bekommt auch einige Spritzer ab. Das findet sie lustig.

Hans wirft noch schnell einen Blick und meint dann: „Morgen werde ich euch ernten. Ein Butterbrot mit Tomate und die Gurken lege ich in einen Topf mit meiner Spezialmischung, Hmm das wird lecker." Mit diesen Gedanken geht Hans weiter. Jule bleibt noch etwas bei den Gurken, bis auch sie weiterzieht.

Herbstblätter

Bis jetzt war es ein schöner Herbst. Alle Blätter waren bunt gefärbt. Das sah wunderschön aus, vor allem wenn die Sonne durch die Blätter schien. Dann kam plötzlich ein heftiger Wind auf und brachte Regen mit. Der Wind gab sich alle Mühe, um die Blätter von den Bäumen zu reißen. Dann standen die Bäume nur noch kahl da und vereinzelt hielten einige Blätter daran fest. So überdauerten sie den kalten Winter, bis endlich die wärmende Frühlingssonne schien und die Lebensgeister in den Bäumen, Sträuchern und all den anderen Pflanzen weckte. Auch die Tierwelt erwachte aus ihrem Winterschlaf. Aber wie sollte es anders sein, selbst im Frühjahr wehte hin und wieder ein starkes Lüftchen. Irgendwann konnten sich die Blätter vom letzten Herbst nicht mehr festhalten. Hui da ging es ab und schon tanzten drei Blätter ganz lustig im Wind. Von weitem wirkte es, als ob jemand mit den Blättern jonglieren würde. Mal war das eine Blatt weiter oben und dann wieder das andere Blatt. So ging es eine ganze Weile weiter. Der Wind blies immer wieder kräftig und hatte seinen Spaß mit den Blättern.

Der Wind blies und blies, fast so stark wie im Herbst. Wieso kam denn kein Kind raus und ließ seinen Drachen steigen. Wie stark musste er denn noch blasen. Darauf hatte der Wind keine Antwort. Im Herbst war es so schön anzusehen, wenn die Drachen der Kinder in der Luft tanzten und Eltern und Kinder gleichermaßen Freude daran hatten. Warum nicht im Frühjahr? Also widmete er sich wieder den verbliebenen Blättern und gab sich ordentlich Mühe. Der Wind wirbelte die Blätter so sehr durcheinander, dass eines von ihnen an einem Weidenkätzchen hängen blieb. Das Blatt verfing sich genau an einem neuen frischen Trieb. Plötzlich summte neben ihm eine Hummel. Das Blatt konnte beobachten wie die Hummel gierig die Pollen aufsammelte. Die Hummel war schon ganz schön voll beladen damit. Sie sah aus, als hätte sie lauter gelbe Büschel umgebunden. Na das schmeckte der Hummel. So schwer beladen wie sie war, konnte man denken, sie könnte nicht weiterfliegen. Doch schon hob sie ganz leicht ab und setzte sich auf die nächste Blüte, um hier Pollen aufzusammeln. Der Wind hatte eine Pause eingelegt und unser Blatt hing irgendwie fest. Was mache ich nur, ohne Wind kann ich nicht weiter segeln. Nun gut, es nützt nichts.

Der Wind hatte einfach keine Puste mehr. Das Blatt schaute sich gelangweilt um. Dabei entdeckte es die anderen Blätter, auch sie hingen hier fest. Aber so langweilig war es doch nicht. Es surrten noch ganz viele Hummeln an den Blüten herum und sammelten eifrig Nektar. Dann gesellte sich noch ein bunter Schmetterling hinzu. Auch er stillte seinen Appetit an den frischen Blüten, bevor er zur nächsten Blüte flog. Nun kam noch eine Meise an diesen frühlingshaften Futterplatz. Sie zwitscherte ganz fröhlich und labte sich an den schönen Blüten. Es gab doch ganz schön viel zu entdecken. Während sich unser Blatt über all diese Dinge riesig freute, hatte der Wind sich wieder erholt und pustete munter drauf los. Dabei hob er die drei Blätter wieder an und ließ sie fröhlich weiter tanzen. Sie flogen noch ein Stückchen um die nächste Ecke und hier blieben alle drei Blätter an einem Strauch hängen. Aber das war überhaupt nicht schlimm, denn unter diesem Strauch befand sich vom letzten Herbst ein ganz großer Laubhaufen. Der Wind hatte sich beruhigt, aber im Laubhaufen raschelte es. Hervor kam ein Igel. Der hatte nämlich seinen Winterschlaf im Laubhaufen gemacht. Geweckt von der schönen warmen Frühlingssonne wackelte er los. Aber das ist eine andere Geschichte.

Der Regenbogen

Es ist Nachmittag, die Sonne scheint und Lilly und Molly gehen zusammen am Wiesenrand spazieren. Ihnen kommt Oma Irmgard entgegen. Sie wollen sich an der Bank bei der Birke treffen. Das ist für alle nicht weit. Zum Begrüßen gibt es einen dicken Kuss auf die Wange. Molly wird liebevoll gestreichelt. Sie ist nämlich eine kleine Hündin mit schwarzem kurzem Fell. An der Schwanzspitze hat Molly weißes Fell, als hätte sie ihn in weiße Farbe getaucht.

Manchmal hat Oma Irmgard ein Buch mit und liest Lilly daraus vor. Lilly besucht den Kindergarten und kann deshalb noch nicht lesen. Aber bald kommt sie in die Schule. Lilly hat ihrer Oma versprochen, wenn sie lesen kann, dann wechseln sie sich mit dem Vorlesen ab. Viele Geschichten kennt Lilly bereits. An Hand der Bilder erzählt sie dann ihre eigene Geschichte. Aber heute hat Lilly einen kleinen bunten Ball zum Spielen mitgebracht.

Am Himmel ziehen langsam einige Wolken auf, auch der Wind wird etwas stärker. Dann fallen langsam Regentropfen auf die Erde. Da es aber sehr warm ist, stört der feine Regen überhaupt nicht. Also kein Grund, um nach Hause zu laufen. „Schau Oma, da ein Regenbogen am Himmel" ruft Lilly und zeigt mit ihrer Hand in die Richtung. „Ich möchte so gerne einmal darauf spazieren" sagt Lilly und dreht sich dabei im Kreis. Plötzlich nimmt der Wind an Kraft zu und bevor sich Lilly und Oma Irmgard versehen, sind sie gemeinsam mit Hündin Molly auf dem Regenbogen.

Hier tanzen und lachen sie. „Oma, sieh nur was da kommt!" ruft Lilly. Oh was ist denn das Schönes? „Guten Tag, ich bin die fahrende Schneckenwolke. Bitte einsteigen und Platz nehmen." „Halt, halt!" ruft es auf einmal. „Wir möchten auch mitfahren."

„Mutti, Opa, welche Überraschung. Wo kommt ihr denn auf einmal her?"

„Wisst ihr, als wir die Regenwolken am Himmel sahen, sind wir euch mit dem Regenschirm nachgelaufen. Dann setzte dieser Wind ein und nun sind wir hier."

„Sucht euch alle einen schönen Platz" spricht die Schneckenwolke. Die Stimme kennen wir doch. „Hallo Vati, fährst du uns jetzt über den Regenbogen?" fragt Lilly. „Na klar und eine Schneckenwolke fahren ist sicher so ähnlich wie Straßenbahn fahren und das mache ich jeden Tag."

„Also habt ihr alle einen Platz gefunden?" Ja rufen sie durcheinander. Hier drin ist es sehr gemütlich. Viele Stufen führen nach oben in das Schneckengehäuse in die verschiedenen Etagen. Überall gibt es Sitzplätze am Fenster mit einem wunderschönen Blick. Den Berg hoch auf dem Regenbogen, muss sich die Schneckenwolke ganz schön anstrengen. Oben angekommen, steht eine Teekanne und zwinkert ihnen zu. Hier hält die Schneckenwolke. Bitte aussteigen, wir gehen jetzt in die Teekanne Kaffee und Tee trinken und wer möchte, bekommt auch eine Kleinigkeit zu essen.

Das ist aber hübsch hier drin. An einer bunten Tafel ist aufgemalt, was es zu Trinken und Essen gibt. Jeder bedient sich selbst, indem er auf das jeweilige Bild drückt. Dann zischt und schnaubt die Teekanne und Schwupps ist alles fertig. Total lecker. Das schmutzige Geschirr räumt jeder auf einen extra dafür vorgesehenen Abstelltisch. Wie von Geisterhand verschwinden die Tassen und Teller und stehen plötzlich wieder sauber im Schrank.

Satt und zufrieden steigen alle wieder in die Schneckenwolke. Die Fahrt geht jetzt etwas rasanter, denn es geht Bergab auf dem Regenbogen. In der Talstation angekommen, steigen alle Gäste aus. Wer möchte, nimmt dafür nicht die Treppe, sondern gleitet einfach auf der Rutsche hinunter. Das ist ein Spaß.

Auf einmal kommt wieder so ein Lüftchen auf und schwuppdiwupp, sitzen sie alle zusammen auf der Bank bei der Birke.

Die Sonne

Die Sonne, sie scheint, sie heizt uns ein

Warm, wärmer, 40 Grad werden`s bald sein,

es fühlt sich schier unerträglich an.

Kein Ende in Sicht, doch was wäre, gebe es die Sonne nicht?

Was ist, findet unser Vieh nicht genügend Brot,

müssen wir es schlagen tot?

Dann haben wir genügend Fleisch auf dem Tisch,

doch dieses allein nützt uns auf Dauer nichts.

Kein Ende in Sicht, doch was wäre, gebe es die Sonne nicht?

Wir fühlen uns schlapp, auch das Wasser in der Regentonne wird knapp,

wir müssen gießen die Pflanzen und tränken das Vieh!

Ich laufe zum Brunnen,

welch großes Glück,

Wasser ich hier finde,

und ziehe über eine Winde

meinen Eimer gefüllt empor

Gedanken

Ich ging spazieren -

Irgendwann -

Und sah viele Blümlein stehen,

Einfach wunderschön anzusehen.

So zart, so klein, leise duftend.

Ich sog diesen Duft gierig ein.

Bleib stehen, genieße -

Geh weiter, du hast es eilig -

Bleib stehen, genieße, es ist so schön -

Oh wie schön, ich kann nicht genug davon bekommen

Da eine Hummel,

Da eine Biene,

Auch sie gieren nach den leuchtenden Blüten -

Gieren nach Leben,

Fliegen weiter,

setzen sich, Blüte um Blüte,

Immer so fort –

auch ich muss nun weiter,

aber ich gehe entspannter,

ohne Hetzen.

Das Bild in mir gibt mir Kraft,

ich halte es fest und denke oft daran zurück.

Die blaue Katze

„Ich habe eine blaue Katze gesehen!"

„Was hast du gesehen?"

„Eine blaue Katze."

„Ach quatsch, das glaube ich dir nicht."

„Doch, das ist wahr. Ich habe eine blaue Katze gesehen."

„Es gibt keine blauen Katzen. Du flunkerst mich an."

„Nein, tue ich nicht! Das kannst du mir ruhig glauben."

„Nein, also ich weiß nicht. Eine blaue Katze. Du bekommst schon einen langen Schnabel vom Flunkern, so wie die Zweibeiner. Nur bekommen die eine lange Nase beim Flunkern."

„Ach was du da erzählst. Ich bekomme gar keinen langen Schnabel, weil ich nämlich die Wahrheit sage."

„Kikeriki!" ruft es auf einmal. „Was gackert ihr denn, habt ihr nichts Besseres zu tun, als zu streiten?"

„Wir streiten doch gar nicht, aber Berta behauptet eine blaue Katze gesehen zu haben und das glaube ich ihr einfach nicht."

„Kikeriki na sowas. Also blaue Katzen gibt es nun wirklich nicht. Ich muss es schließlich wissen, denn ich bin viel älter und erfahrener als ihr."

Damit war das kleine Streitgespräch zwischen den beiden Hühnern Berta und Mona beendet. Beide gehen durch den Garten, suchen Körner, Schnecken und Würmer zum Fressen. „Hey das ist mein Wurm", platzt Berta auf einmal heraus „und die blaue Katze gibt es doch!" fügt sie leise nuschelnd hinzu. Denn mit einem Wurm im Schnabel spricht es sich schlecht. „Da, da, dort schau, da läuft die blaue Katze" platzt Berta auf einmal raus und dabei fällt ihr auch der Wurm aus dem Schnabel. Mona dachte im ersten Moment, Berta sagt das nur, um so an den Wurm zu kommen. Mona dreht sich nach kurzem Zögern langsam in die

Richtung, in die Berta mit dem Flügel zeigt. Doch von einer blauen Katze war weit und breit nichts zu sehen. Aber den Wurm hat Mona jetzt für sich und schluckt ihn schmatzend hinunter. Gibt es vielleicht doch eine blaue Katze? Mona weiß nicht, was sie davon halten soll. Also wenn Berta auf einen Wurm verzichtet, muss doch etwas Wahres dran sein.

„Weißt du was Berta, lass uns gemeinsam nach der blauen Katze Ausschau halten. Wenn es aber doch keine gibt, dann bekomme ich von dir eine Flügelmassage."

„Geht in Ordnung", meint Berta und schon laufen beide los. Auf dem Bauernhof, wo Berta, Mona und noch andere Hühner leben, gibt es viele Verstecke. Als erstes laufen Berta und Mona bei den beiden Schweinen Lulu und Luna vorbei. Aber die beiden sind gerade mit ihrer Körperpflege beschäftigt. Lulu und Luna suhlen sich ausgiebig in ihrem feuchten Schlammloch. „Nein, eine blaue Katze haben wir nicht gesehen", quieken sie wie im Chor und machen sich dabei ein wenig lustig.

Berta und Mona ziehen weiter. Vorbei am Misthaufen laufen sie über die Wiese zum Gebüsch. Hier verstecken sich gern die Katzen. Doch es ist verflixt, keine Katze weit und breit zu sehen. Aber was ist das? „Schau Berta, ich sehe hier eine blaue Tapse." ruft Mona. Bertas Herz schlägt vor lauter Aufregung bis zum Hals. Endlich eine Spur, denkt sie sich. Nicht weit davon steht ein Schuppen mit allerlei Dingen darin. Vorsichtig und leise laufen sie hin. Die Tür steht einen Spalt weit offen. Berta schaut hinein und da Mona nichts sehen kann, flattert sie kurzerhand auf Bertas Rücken. Das gibt ein Gegacker. „Wer macht denn hier so einen Lärm?" miaut es von drinnen.

„Eine blaue Katze", kommt es wie auf Kommando aus den Schnäbeln von Berta und Mona. „Ja ich bin eine blaue Katze. Da staunt ihr nicht schlecht", miaut es. „Eigentlich bin ich eine weiße Katze. Aber heute Abend ist Katzenmaskenball und dafür habe ich mich kurzerhand in der blauen Farbschüssel gewälzt. Ich darf nur nicht nass werden, denn dann bin ich wieder eine weiße Katze."

Berta und Mona bleibt der Schnabel vor Staunen offen. Das klingt richtig spannend. „Leider könnt ihr nicht mitkommen, aber ich erzähle euch gern ein andermal vom Katzenmaskenball", miaut es.

Kling, Klang, Klong

Kling, Klang, Klong sitzen jeden Tag ganz dicht aneinander gekuschelt. Sie mögen sich sehr. Doch sie haben keine gute Laune, denn derzeit ist es tagsüber grau und verregnet. Und das mögen unsere drei gefiederten Freunde überhaupt nicht. Sie plustern ihr Federkleid auf, rücken ganz dicht aneinander und schützen sich so gegenseitig.

Dabei sitzt Klang immer in der Mitte, Kling links und Klong rechts. Warum das so ist, wissen sie selbst nicht. Es ist nun mal so und sie fühlen sich wohl.

Jeder hängt seinen Gedanken nach. Kling seufzt leicht und Klong tschilpt leise vor sich hin. Nur Klang ist ganz still und lauscht den Regentropfen. Über unseren drei Spatzen hängt ein großes Blatt vom Blauglockenbaum. Dieses schützt sie vorm Regen, der leise auf das Blatt tropft. Während Klang so in sich gesunken da sitzt, merkt sie auf einmal einen dunklen Schatten über sich. Als sie darüber nachdenkt, wer oder was das sein könnte und vor allem, wer traut sich bei dem Regen raus, wird es plötzlich ganz hell um Klang. Sie findet sich auf einer bunten flauschigen Decke wieder. Rings um sie herum sitzen viele Spatzen. Alle wuseln um Klang herum. Sie weiß gar nicht so recht was los ist. Klang schaut sich um, denn sie hört auf einmal Musik. Tam, Tam, Taramtatam. Sie kann noch nichts entdecken, aber die Musik wird langsam lauter. Also kommt sie näher. Klang würde am liebsten losfliegen. Sie fängt an mit den Flügeln zu schlagen, doch eigenartigerweise hebt sie nicht ab. Jetzt reckt sie sich und macht einen langen Hals. Hinter den Büschen kommen immer mehr Spatzen hervor. Nun kann sie die ersten Musikanten unter den Spatzen entdecken. Sie haben eine Eichel unter ihrem Flügel geklemmt und schlagen mit einem Stöckchen, welches sie mit dem anderen Flügel festhalten, auf die Eichel, wie bei einem Schlagzeug. Damit geben sie den Rhythmus vor. Die nächsten Spatzen haben ein leeres Schneckenhaus und blasen hinein, wie bei einer Trompete. Als nächstes kommen Spatzen mit einer blauen Glockenblume im Schnabel, das gibt ein schönes Gebimmel. Nun weiß Klang, woher die schöne Musik kommt.

Aber wozu der ganze Auftritt? Hallo Klang, ruft es. Sie wendet sich von den Spatzen mit der Musik ab und schaut in die Richtung, woher die Stimme kam. Klang kommt aus dem Staunen nicht mehr raus. Ihre Spatzenmutti gefolgt von ihren besten Freundinnen Kling und Klong kommt freudestrahlend auf sie zu.

Gemeinsam setzen sie ihr einen bunten Blumenkranz mit einem Schleier aus zarten Blättern auf. Eine herzliche Umarmung und ein dicker Kuss auf die Wange. Jetzt wird Klang auf ihrer flauschigen Decke von den Spatzen emporgehoben und ein Stück getragen, gefolgt von der wunderschönen Spatzenkapelle. Angekommen am Rosenstrauch kommt plötzlich ihr Spatzenfreund angeflogen und hält um ihren Flügel an. Klang ist ganz außer sich vor Freude. Sie tschilpt ganz aufgeregt und plötzlich hört sie eine Stimme neben sich, „Hey mach mal nicht so laut, was ist denn los mit dir?" Klang schaut verträumt und weiß im Moment auch keine Antwort darauf.

Hoppala-Hasen

1-2-3 Hoppala-Hasen,

sie rennen und springen über den Rasen,

schlagen Haken, wollen sich necken,

verstecken sich hinter den Hecken,

doch knack, plötzlich ein Geräusch,

was war das, wo kam es her,

sie schauen leicht ängstlich,

kommt da hinten ein Bär?

Nein es ist kein Bär,

nur ein großes Knäuel Hund,

sie kullern regelrecht über die Wiesen, ganz kunterbunt,

es sind Coco und Finn,

ein ungleiches Paar,

verrückt, verspielt, einfach wunderbar.

Die Hasen sind scheu, laufen lieber weg,

nun schlagen sie alle Haken,

als wollten sie sich necken

und verstecken sich wieder hinter den Hecken.

Drei kleine Igelkinder

Drei kleine Igelkinder irren umher,

vermissen ihre Mama sehr,

Ramona, Cecilia und Beate fein,

sammeln sie geschwind ein.

Steffen ihnen ein Haus fein baut,

darin werden sie sogleich verstaut.

Gut versorgt mit Katzenfutter,

ersetzen sie die Igelmutter.

Sie schmatzen und schlappern fein,

Winter wird bald sein.

Dann schlafen sie an einem sicheren Ort

und im Frühjahr ziehen sie fort.

Ein etwas ungewöhnlicher Hut

Ein Hut kam angeflogen. Ich griff ihn mir und setzte ihn auf meinen Kopf. Eigentlich wäre er lieber weitergezogen, doch ich hielt ihn fest.

„Hey was soll das" protestierte er und ruckte und zuckte ganz unruhig umher. „Sei still" sprach ich „und wieso kannst du sprechen? Du bist doch nur ein Hut?"

„Was heißt hier nur ein Hut, also ich darf doch sehr bitten. Ein bisschen mehr Respekt, wenn ich bitten darf."

Am Himmel zog eine dicke dunkle Wolke auf und bevor ich etwas darauf erwidern konnte, fing es zu regnen an. Regen war schon gar kein Ausdruck mehr, es schüttete wie aus Eimern. Ein regelrechter Wolkenbruch ging nieder, doch eigenartigerweise blieb ich trocken. Das glaubst du mir nicht? Das hatte ich wohl meinem Hut zu verdanken. Er hatte seine Krempe über mir ausgerollt, so dass die Krempe zu einem Regenmantel wurde und mich völlig umhüllte und all den Regen von mir fernhielt. Als der Wolkenbruch vorbei war, rollte sich mein Hut zusammen, hob ab, um sich in gebührender Entfernung wieder auszurollen und kräftig zu schütteln. Im Nu war er trocken und saß wieder auf meinem Kopf, als wäre nichts geschehen. Da mittlerweile die Sonne wieder schien, spendete mir mein Hut wunderbar Schatten. Ich war zufrieden und zog vergnügt weiter. Angekommen an einem See sprang mein Hut eins – zwei - drei platsch ins Wasser. Stülpte sich zurecht und mit Hilfe seines Hutzipfels zog er mich auf seine neu entstandene Sitzfläche. Genauer gesagt, kam ich mir vor, wie in einem Schaukelstuhl und der Hutzipfel entpuppte sich als Segel. Eine leichte Brise Wind kam auf und schon hatte ich eine vergnügliche Bootspartie. Doch irgendwie ging es mir zu langsam voran.

„Kannst du auch schneller?" Ich hatte meine Frage noch gar nicht richtig ausgesprochen, da wurde der Wind stärker. Um mich herum entstand ein leichter Strudel und mein Hutboot begann zu schaukeln und sich dabei im Kreis zu drehen. Vor lauter Freude rief ich „Juchhu – schneller!" Doch oh je so schnell, mir wurde auf einmal ganz schwindelig. Jetzt kam noch eine Riesenwelle auf mich zu und ergriff mein Hutboot.

Seine Lage wurde immer schräger. Ich drohte aus dem Hut zu fallen. Aus Angst hielt ich mich ganz doll an meinem Hut fest und schrie um Hilfe. Doch plötzlich kippte mein Boot und ich erwachte neben meinem Bett und hielt meine Bettdecke fest umklammert.

Danksagung

Mein großer Dank gilt meiner lieben Freundin, Bea Günther. Sie zaubert mit einfachen Naturmaterialien ganze Welten auf ein Blatt Papier. Dies wiederum inspirierte mich auf ganz besondere Art und Weise und es entstanden beispielsweise die beiden ersten Kurzgeschichten „Die Linde" sowie „Genie, Rosi und seine Freunde".

Ebenso möchte ich mich bei meiner Familie bedanken, die mich nicht nur während meiner schweren Krankheit immer unterstützt hat, sondern auch jetzt jederzeit für mich da ist. Genauso lieb haben mich all meine Freundinnen, Töpfermädels und die Hobbykünstler, welche gemeinsam mit mir die Kaltnadel schwingen, umsorgt.

Bildnachweis:

Seite 6   „Die Linde"; Grafik Bea

Seite 10 „Genie, Rosi und seine Freunde"; Grafik Bea

Seite 16 „Der rote Holzwagen"; Kaltnadelradierung Steffi

Seite 26 „Bestrahlung"; Kaltnadelradierung Steffi, Coloriert Wolfgang

Seite 28 „Spreewald"; Kaltnadelradierung Steffi

Seite 30 „Die blaue Katze"; Collage Antje

Seite 34 „Freunde"; Kaltnadelradierung Steffi

Seite 38 „Hasen"; Kaltnadelradierung Steffi